LIFE 副菜

おかず、おかわり！

飯島奈美

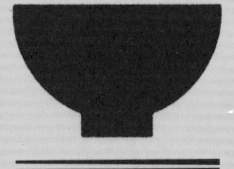

みんなが好きなものを、いちばんおいしいかたちで、と
つくってきた『LIFE』のシリーズから、
こんな本がうまれました。
『LIFE』の定番的なメニューに添えた、
いわば副菜的なものや、映画やテレビの撮影用につくったもの、
「ほぼ日」のコンテンツ用につくったものなどが中心です。

じつは、この本の料理は、いずれも、
最初は名前がなかったようなものばかり。
みなさんにも、もしかしたら、
「おかあさん、あれ、またつくって！」とリクエストしたような、
名前のない料理がきっとあったのではないかと思います。
それは、余った食材を工夫したり、
ふと思いつきでつくってみたりしたものが、思った以上においしくて、
そのお家だけで定番になった、というような料理。
この本には、わたしにとっての、そんなレシピがつまっています。
手持ちの食材が活用できるように、
章だてはシチュエーションごとに考えました。
巻末には、食材からひけるさくいんをつけています。
たとえば、お肉がメインの日に、
いつもとちがう感じのサラダを添えたい、というときや、
お酒のつまみがほしいね、というとき、
おもちがたくさんある！　というときなど、
メニューを考えるヒントにしていただけたらと思います。
そしてぜひ『LIFE』シリーズの仲間として、
本編とあわせて、活用くださいね。

みなさまの食卓が、この本で、
いっそうたのしく、おいしいものになりますように。

飯島奈美

もくじ

あっさりおかず

おかずサラダ

ごはん・パン・めん

おもち

お酒のつまみ

卵や野菜のしっかりおかず

箸やすめ

肉や魚のしっかりおかず

デザート

あっさりおかず

しっかり味のメインディッシュのそばに、
さっと出したい、あっさりおかず。
ちょっとした箸やすめにもどうぞ。
お酒のつまみとしても活用できますよ。
もちろん野菜もたっぷりです！

豆腐サラダ

中華風で、野菜もたっぷりの豆腐サラダです。
お豆腐を使う料理は、
たとえば白和えはちょっとハードルが高いな、という方にも、
簡単につくっていただけるレシピです。
ここではキャベツ、パプリカ、しいたけを使いましたが、
季節の野菜やきのこなどで、いろいろ工夫してみてくださいね。

材料 2人分

豆腐	1/2丁（150g）
ホタテ水煮缶	小1缶（100g）
キャベツ	1/5コ（200g）を太めのせん切り
赤パプリカ	1/4コをスライス
しいたけ	3枚をスライス
ごま油	大さじ1/2
塩	小さじ1/3～1/2
オイスターソース	大さじ1/2

つくり方

絹ごし、木綿はお好みで！

① 豆腐を軽く水切りしておきます。

② キャベツ、パプリカ、しいたけをゆで、ザルにあげ、冷ましてから水気を絞っておきます。

③ ホタテ水煮缶を汁ごとボウルに入れ、塩（分量外）をひとつまみ加え、②の野菜を入れて和え、汁気を絞り、器に盛ります。

④ 豆腐にごま油と塩を加え、ざっくりくずしながら混ぜ、野菜にのせます。

⑤ オイスターソースをまわしかけ、テーブルへ。混ぜながらどうぞ。

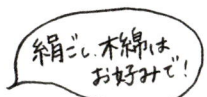

塩ゆでキャベツと
イカのしょうが酢和え

あたたかい、ホットサラダ感覚の一品です。
酢を入れて時間をおくと、キャベツの色が変わってしまうため、
つくりおきせず、食べる直前に調理するのがおすすめです。
春や夏の、甘くてやわらかいキャベツを使うと、
また、いちだんとおいしく仕上がりますよ。

材料　2人分

イカ	1ぱい
キャベツ	1/5コ（200g）をざく切りに
塩	小さじ2
タレ	
おろししょうが	小さじ1
酢	小さじ1
うすくちしょうゆ	小さじ1
みりん	小さじ1
ごま油	小さじ1/2
一味とうがらし	少々

つくり方

やわらかい
やりイカがオススメ

① イカはワタと骨を取り、
皮をむき、食べやすい大きさに切ります。

② ボウルにタレを合わせておきます。

③ 鍋に1リットルの湯を沸かし、塩を加え、
キャベツをさっとゆで、すくってザルにあげておきます。

④ 同じ鍋を再沸騰させ、イカを入れ、さっとゆで、
すぐザルにあげておきます。

⑤ ボウルに、イカ、水気を切ったキャベツを加え、
タレで和えればできあがりです。
一味とうがらしをかけてどうぞ。

水菜と油あげの煮びたし

京都のおばんざい屋さんで煮びたしとおみそ汁を頼んだら、
なぜ汁ものをふたつ頼むのかと訊かれました。
京都の煮びたしって汁ものなんだ！ と、おどろきました。
このレシピは京風の汁ものとしてつくっていますが、
もし関東風におかずとしてつくるときは、
だし汁を250ccにしてください。
うすくちしょうゆにお塩を足すのは、入れると味がすっきりまとまるから。
水菜のかわりに、小松菜でもおいしいですよ
（その場合さらに1分ほど加熱してください）。

材料 2人分

水菜	6～7株
油あげ	1枚
だし汁	400cc
うすくちしょうゆ	小さじ1
みりん	大さじ1
塩	小さじ1/2

つくり方

① 油あげに熱湯をかけ、
あるいはキッチンペーパーでおさえて油抜きし、
横半分に切ってから、1.5cm幅に切ります。

② だし汁、うすくちしょうゆ、みりんを鍋に入れ、
塩を加え、油あげを入れて、4～5分弱火で煮ます。

③ 4cmに切った水菜を加えて、
さらに1～2分煮ればできあがりです。

水菜は水につけて
シャキッとさせてから

タコとかぶのマリネ

さっぱりしているのに、タコが入っていることで、
食べごたえがあります。
お客さんがよろこぶ一品。
かぶとプチトマトのかわりに、だいこんとタコだけの
シンプルな組み合わせもオススメです。

大根でも
おいしいよ。

材料　4人分

かぶ	4コ（約350g、葉は使いません）
ゆでダコ	250g
プチトマト	5コ
[A]	
塩	小さじ1
だし昆布または昆布茶	少々
オリーブオイル	大さじ3～4
塩	適量
黒こしょう	少々
レモン汁	1コ分
フレッシュバジル	大5枚

つくり方

① くし形に8等分したかぶを、[A] といっしょにビニール袋に入れてなじませ、30分ほどおきます。

② ゆでダコを、ひと口大の乱切りにします。

③ かぶを取り出し、ペーパータオルで水気を取ります。

④ ボウルにかぶとゆでダコ、へたを取って半分に切ったプチトマトを入れ、オリーブオイルを加えてよく和えます。

⑤ 塩、こしょうで味をととのえ、レモン汁を加えます。

⑥ ラップをして冷蔵庫に30分おき、味をなじませます。

⑦ フレッシュバジルをちぎって加え、ざっくり混ぜてできあがりです。

小松菜と長ねぎの
すだちおろしあえ

焼き魚の副菜にぴったりのおかずです。
だいこんおろしがたっぷりで、消化にもいいんですよ。
香りのよさですだちがおすすめですが、
ゆず、レモン、お酢など、いろいろ試してみてくださいね。

材料 4人分

小松菜	1束（約350g）
長ねぎ	1/3本
だし昆布	切手大1枚
水	60cc
塩	小さじ1
だいこんおろし	350g（だいこん10cm分）
すだち	1コ

つくり方

① 水にだし昆布を浸し、30分ほどおきます。

② 小松菜を5cmの長さに、
長ねぎは5mm幅の斜め切りにします。

③ 湯を沸かし、小松菜を入れ、30秒したら長ねぎを入れて、
すぐに両方を引き上げ、冷水に取ります。

④ あら熱が取れたら引き上げて、水気をしっかり切ります。

⑤ ボウルに①を入れて塩を溶かし、
小松菜と長ねぎを入れて味をなじませます。

⑥ 食べる直前にだし昆布を取り出し、
水気を切っただいこんおろしを加え、すだちをしぼり入れ、
全体を混ぜればできあがりです。

レタスと海苔のサラダ

シャキシャキッとした歯ごたえのレタスと、同じ大きさにちぎった海苔。
ポイントは、海苔が水っぽくならないよう、
レタスの水気をしっかり切ることと、食べる直前につくること。
ごま油を使うことで、ちょっと韓国風になっていますが、
オリーブオイルやサラダ油を使うと、またちがう風味が楽しめます。
シンプルなので、ぜひおいしい海苔を使ってくださいね。

材料　2～3人分

レタス	1コ
焼き海苔	3枚
にんにく	1/2片
ごま油	大さじ1～2
塩	小さじ1/2
こしょう	少々
お酢またはレモン汁	少々
一味とうがらし	お好みで

レタスは繊維に
沿ってタテに裂いてから
一口大にちぎってね。

つくり方

① レタスを手でちぎり、水洗いして、水気をよく切っておきます。

② にんにくの断面をすりつけたボウルにレタスを入れ、
ごま油をかけ、手で混ぜます。

③ 塩、こしょうを加え、全体を和えます。
食べてみて、足りないようなら、
さらに塩、こしょうを足してください。

④ お酢またはレモン汁を入れて、和えます。

⑤ 海苔を、レタスと同じくらいの大きさにちぎって、
さっくり混ぜればできあがりです。

⑥ お好みで一味とうがらしをかけてどうぞ。

ミャンマーサラダ

映画『プール』のロケでタイに滞在したときに、
ホテルの近くにあったミャンマー料理店で
教えていただいたレシピです。
レタスを加えてもいいですし、せりのかわり、
またはプラスして、三つ葉や、
薄切りにしたセロリを使ってもいいですよ。

ごま和えみたいですよ。

材料 4人分

せり	1束（約100g）
クレソン	2束（約100g）
トマト	1コ
エシャロット	1コ（またはたまねぎ1/6コ）
サラダ油	大さじ1
塩	ふたつまみ
砂糖	小さじ1
ナンプラー	大さじ1/2
ピーナッツ	砕いたもの、大さじ4

つくり方

① せりとクレソンを3cmの長さに切ります。
せりの茎が太くて硬い場合は、茎の部分にお湯をかけ、
水にとってから切ります。

② トマトを12等分のくし形に切ります。
エシャロットはスライスします。

③ ボウルに①と②、サラダ油を入れて全体を混ぜます。
塩、砂糖、ナンプラーを入れて、
手で軽くもむように和えます。

④ 仕上げにピーナッツを加え、
ざっくりと混ぜておめしあがりください。

だしの取り方①

（昆布と、かつおぶし）

材料

昆布	10cm角1枚
かつおぶし	20g
水	1000cc

つくり方

できれば!

昆布を水に30分以上浸しておいたものを
中火にかけ、沸騰直前に取り出します。
かつおぶしを入れて、ひと煮立ちしたら火を止めます。
かつおぶしが沈んだら、濾してできあがり。
煮物や鍋に使うときには、少し多めにつくっておくと便利です。
なお、だしは、味をみながら取ることをおすすめします。

おかずサラダ

野菜がたっぷりで、サラダ感覚で食べられるおかずです。
メインディッシュとしてもいいですし、もちろん副菜にも。
まとめてつくりおきをしておけば、
常備菜として活用できるおかずもありますよ。

せん切り野菜と
納豆のサラダ

ヘルシーで、ボリュームたっぷり。しかも満足感があるので、
ダイエットのときにもおすすめのメニューです。
また、3パックになった納豆が食べきれなくて、
というようなときにも、いいですね。
今回は盛りだくさんの野菜を使いましたが、
手持ちの野菜でくふうしてみてくださいね。

材料　2〜3人分

だいこん	10cm（300g）
にんじん	1/2本
キャベツ	1/4コ（250g）
きゅうり	1本
みょうが	2コ
大葉	適量
納豆	1パック（80g）
タレ	
明太子	1/2腹（40g）
マヨネーズ	大さじ3
たまねぎ	すりおろして大さじ1
だししょうゆ、あるいはしょうゆ＋おかか	大さじ2（お好みで）
からし	適量（お好みで）

明太子はなければなしでもOKです。

つくり方

① 野菜をそれぞれせん切りにして、お皿に彩りよくのせます。

② まんなかに、納豆をおきます。

③ タレの材料をまぜて、まわしかけ、
お好みで、だししょうゆやからしを加えます。

よく混ぜて食べてね。

牛肉とだいこんのサラダ

ちょっとお漬物感覚のシャキシャキとしただいこんと、
あたたかいお肉をいっしょに食べるエスニック風味のサラダです。
赤身を使うのは、脂身が多いと、
冷めたときに、固まってしまうから。
だいこんのかわりに、かぶやきゅうりなど、
浅漬けにするような野菜なら、なんでも大丈夫ですよ。

材料　2人分

牛肉赤身こま切れ	100g
だいこん	10cm（300g）
にんにく	1片（つぶす）
しょうが	1片（薄切りにする）
ごま油	大さじ1
白すりごま	大さじ1
タレ	
ナンプラー	大さじ1
砂糖	小さじ1/2
酢またはレモン汁	大さじ3

ナンプラーがなければ
いしる、しょっつる…それもなければ
薄口しょうゆでも。

つくり方

① だいこんを、薄いいちょう切りにし、ボウルに入れます。

② 牛肉を、2cmの長さに切っておきます。

③ 熱したフライパンに、ごま油、にんにく、しょうがを加え、
牛肉をさっと炒め、合わせたタレで味をつけます。

④ ①に③をタレごと入れ、
よく和えてなじませます。

⑤ 最後にすりごまをかけて、できあがりです。

甘塩タラとゆで卵の
ポテトサラダ

ふつうのポテトサラダかな？　と思いきや、ハムじゃなくて、
タラが入っている、とってもおいしいサラダです。
メインディッシュのつけあわせにしてもいいですし、
パンのおかずにもなります。
そら豆のかわりに、夏なら枝豆やコーン、
秋には栗やさつまいも、冬にはゆでたれんこん。
ブロッコリーを入れても合いますよ。

材料　2人分

甘塩タラ	2切れ
じゃがいも	中3コ
ゆで卵	2コ
ゆでそら豆	20粒（薄皮をむいておく）
バター	大さじ1/2
マヨネーズ	大さじ4
塩	小さじ1/4
こしょう	少々

つくり方

① じゃがいもの皮をむき、
4等分に切って、やわらかくゆでます。　もちろん蒸してもOK.

② 甘塩タラもゆでて、皮と骨を取り、粗くほぐします。

③ ゆで卵を粗く刻みます。

④ ゆであがったじゃがいもをザルにあげ、
水分をしっかり切ってからボウルに入れ、
バターを加えて、粗くつぶします。

⑤ ④のあら熱が取れたら、
②、③と、そら豆、マヨネーズを加えて混ぜ、
塩、こしょうで味をととのえます。

納豆長いも和え

刻んで混ぜるだけ、というかんたんなレシピですが、
ひとに出すと、
２人分をひとりでぺろりと食べてしまうくらい、好評でした。
もしアレンジするとしたら、朝ごはんで使うような和食材、
たとえば焼きじゃけをほぐしたり、
たくあんを刻んで混ぜても、おいしいですよ。

材料 2人分

納豆	1パック（80g）
長いも	6cm（100gくらい）
ぬか漬けきゅうり	1/2本
釜揚げしらす	30g
梅干し	20g（大きいもの1コ分、種を除く）
大葉	2枚
細ねぎ	小口切りにして、大さじ2
からし	少々
しょうゆ	少々

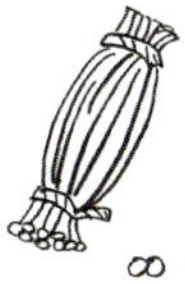

つくり方

① ぬか漬けきゅうりを、5mmの厚さの半月切りにします。

② 種を取った梅干しと大葉を、粗く刻みます。

③ 長いもを、1cmの角切りにします。

④ 納豆にからしとしょうゆを入れ
混ぜて味をととのえます。

⑤ 器に①と③、④、しらすを盛り、②と細ねぎをちらします。

⑥ よく混ぜておめしあがりください。

塩もみきゅうりと高野豆腐のザーサイ和え

中華料理にある「おし豆腐の和えもの」が、
家で簡単にできたら、と考えました。
買っても余ってしまうことが多い高野豆腐ですが、
ぜひこのレシピで活用してみてください。
きゅうりは、浅漬けを使ってもいいですし、
きゅうり以外の、たとえばキャベツなどでもいいですよ。

材料 2人分

きゅうり	2本
高野豆腐	2枚
ザーサイ	60g
塩	小さじ1/2
[A]	
鶏ガラスープの素（顆粒）	小さじ2
湯	400cc
[B]	
ごま油	大さじ1
塩	ひとつまみ（小さじ1/4）
[A]	大さじ2

つくり方

① きゅうりを薄切りにして、塩をふり、
混ぜて、しんなりしたら水気を切っておきます。
[A] の材料を混ぜておきます。

② 高野豆腐を、[A]（大さじ2杯は残しておく）に浸して戻し、
絞ってせん切りにします。 太めに!

③ ザーサイを粗く刻みます。
塩漬けの場合は、塩出しをしてから使ってください。

④ ボウルに [B] を入れ、よく混ぜたところに、
①のきゅうり、②③を加えて和えればできあがりです。

ソース野菜炒め

ソース焼きそばの味でつくる野菜炒めです。
鶏ガラスープの素を使うのは、
ちょっと屋台風のコクを出したかったから
(ナンプラーでもいいかもしれませんね)。
桜エビがなければ、冷凍の小エビでもいいですね。
ほかにも、焼きそばに入れたらおいしいだろうな、
という材料であれば大丈夫。
(でも、おそばは入れないんですけれど!)

両面焼きの
半熟目玉焼きを
のせてもいいですね。

材料 2人分

キャベツ	1/4コ(250g)
もやし	1/2袋(100g)
にんじん	1/3本
にら	1/2束
にんにく	1片
桜エビ	大さじ3
天かす	大さじ3
鶏ガラスープの素(顆粒)	小さじ1/2
オイスターソース	大さじ1/2
中濃ソース	大さじ1/2
こしょう	少々
ごま油	大さじ2

つくり方

① にんじんを短冊切り、キャベツをざく切りにします。
にらは5cmの長さに切っておきます。
にんにくはスライスしておきます。

② フライパンにごま油をひき、にんにくを入れて、
火にかけます。香りが出たら、
にんじん、キャベツ、もやしの順に入れて炒めます。

③ 全体に油が回ったら、桜エビ、鶏ガラスープの素、
オイスターソースと中濃ソースを入れ、
にらを加えて炒め合わせます。

④ こしょう、天かすを入れて、味をみて、
薄ければ塩(分量外)で調味します。

ラタトゥイユ

くたくたに煮るのではなく、
野菜の食感を残したラタトゥイユ。
夏、野菜のおいしい季節にぜひためしていただきたいレシピです。
冷やしてもいいし、
あたたかいままメインディッシュのつけあわせにも。
たっぷりつくりおいて、常備菜として活用してくださいね。
もし余ったら、スープでのばして具だくさんのスープでどうぞ。

材料　4人分

トマト	中2コ	セロリ	1本
なす	2本	にんにく	2片
ズッキーニ	1本	ローリエ	1枚
黄パプリカ	1コ	フレッシュバジル	1枝
赤パプリカ	1コ	塩	小さじ1と1/2（味をみて調整）
たまねぎ	1コ	オリーブオイル	大さじ5

つくり方

① パプリカとセロリはひと口大に、たまねぎはくし形に切ります。

② トマトを角切りに、
なす、ズッキーニは5〜6mmの輪切りにします。

③ ふた付きの鍋にオリーブオイル大さじ2、
みじん切りにしたにんにくを入れて、火にかけ、香りが出たら
①を加えて、弱火で4〜5分、じっくり炒めます。

④ フライパンにオリーブオイル大さじ2をひき、中火にかけ、
なすとズッキーニを、両面に少し焼き色がつくまで焼きます。

⑤ ③の鍋に④を加え、トマト、ローリエ、バジルの茎、
塩小さじ1を加えて混ぜ、ふたをして、弱火で約10分煮ます。

⑥ ふたを取り、時々混ぜながら少し汁がある状態まで
さらに7〜8分煮ます。

⑦ 味をみて、残りの塩を加えて、火を止めます。

⑧ オリーブオイル大さじ1を加え、
ふたをして少しおき、味をなじませます。
バジルの葉をちぎって散らして、おめしあがりください。

だしの取り方②
（昆布のみ）

材料

昆布	10cm 角 1 枚
水	500 〜 1000cc

つくり方

できれば!

昆布を水に 30 分以上浸しておいたものを
中火にかけ、沸騰直前に取り出します。
あるいは、昆布を水に浸し、
2時間から半日おいて、
昆布を取り出して使ってもいいですよ。

ごはん・パン・めん

軽めのブランチや、お夜食、
ちょっとおなかがすいたときのおやつにもぴったり。
ごはん、パン、めんを主役にした、
手軽につくることができるレシピをあつめました。

パンとチーズのサラダ

フランスパンが余ったときに、ぜひ試してほしいメニューです。
フランスパン、モッツァレラチーズ、トマト、
この3つをおさえておけば大丈夫。
ほかの素材を加えてアレンジを楽しんでくださいね。
生ハムやツナを加えるとごちそう感が増します。
トマトは、生でなくても、缶詰めのホールトマトをつぶして使ったり、
甘みの強い、とろりとしたトマトジュースでもいいですよ。

材料 2人分

フランスパン	1/3本(15cmくらい)
モッツァレラチーズ	1コ(約120g)
ルッコラ	2～4株(50g)
アンチョビ	2本
オリーブ(塩漬け)	10コ
ゆで卵	2コ
フレッシュバジル	適量
ドレッシング	
トマト	すりおろしたもの100cc
おろしにんにく	小さじ1/3
オリーブオイル	大さじ1と1/2
塩	小さじ1/2
こしょう	少々

ゆで卵以外の食材と
ドレッシングをしっかり和えても
おいしいです。
少し見た目はわるくなるケド…。

つくり方

① フランスパンを縦半分に切り、
トースターで焼いて、食べやすい大きさにちぎっておきます。

② 器にフランスパン、食べやすい大きさにちぎったルッコラ、
スライスしたモッツァレラチーズ、
手で細かくちぎったアンチョビ、ざくざくと切ったゆで卵、
オリーブを散らします。

③ ドレッシングを合わせて、まわしかけ、
バジルをちぎってのせればできあがりです。

アサリの焼きそば

アサリの汁に麺を入れて炒める焼きそばです。
野菜は、残りものを活用していただいて大丈夫ですが、
もやしだけはぜひ入れてくださいね。
アサリから塩分が出ますので、
最後の塩、こしょう、しょうゆは、味をみてからどうぞ。

材料 2人分

焼きそば用の蒸し麺	2玉	にんにく	1片
アサリ	300g	ごま油	大さじ1
赤パプリカ	1/2コ	オイスターソース	大さじ1/2
もやし	1/2袋	塩	少々
にら	1/2束	こしょう	少々
紹興酒（または酒）	大さじ2	しょうゆ	適量

つくり方

① パプリカの種を取り、薄切りにします。

② にらを、5cmの長さに切ります。
にんにくは半分に切って芯を取り、みじん切りにします。

③ フライパンに、アサリと紹興酒を入れて火にかけます。
アサリの殻が開いたら、火を止めて、アサリを取り出し、
半量は殻を外しておきます。

④ フライパンに残った汁に、焼きそばの麺を入れて炒めます。

⑤ 麺が汁を吸ったら、端に寄せて、
空いたところにごま油を入れ、にんにく、パプリカを炒めます。

⑥ 香りが出たら、麺と炒め合わせ、③を戻し、
オイスターソース、もやし、にらを加え、塩、こしょうをし、
しょうゆで味をととのえてできあがりです。

オイスターソースのかわりに
ナンプラーでも。

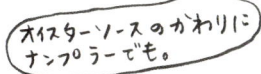

だし茶漬け

お茶でつくるお茶漬けも、だし汁でつくるお茶漬けも、
どちらもおいしいですよね。
その両方のいいところをあわせたのが、このレシピ。
知人が、80 歳になるおばあさんにつくったところ、
「いままで食べた中でいちばんおいしかった」
とおっしゃってくださったとか。
緑茶のかわりに、ほうじ茶でためしてみるのも、
いいかもしれませんね。

材料 2人分

ごはん	茶わん2膳
お茶の葉（緑茶）	大さじ1/2
薄めのだし汁	500cc （1リットルの水に対し、10gのかつおぶしで）
塩	小さじ1弱 （具が多いときは塩分を控えめに）
具	お好みで、ぬか漬けや梅干し、 削りたてのおかか、焼きタラコ、 ほぐした塩鮭などの焼き魚、海苔、 あられ、わさびなど

つくり方

① 乾いた鍋でお茶の葉を香りが出るまで煎ります。

② だし汁に塩を加えて温めておきます。

③ ①に②を注ぎ、1分蒸らします。
味をみて、ほどよい渋みが出たら、
濾して、ごはんに注ぎます。

かわり卵かけごはん

おいしい焼き海苔としょうゆを、
先にごはんに混ぜるのがポイント。
なにかを足すとしたら、たとえば、
すりごま、にらキムチなどが合いそうです。
海苔の旨味が足りないときは、おかかを足して。
しょうゆのかわりにポン酢というのもよさそうですね。
ごはんは、ぜひ、炊きたてで、
卵は、新鮮なものを使ってくださいね。

材料 2人分

ごはん	茶わん2膳
卵黄	新鮮なもの2コ
焼き海苔	2枚
しょうゆ	適量
ラー油（またはごま油）	お好みで

つくり方

① ごはん1膳ずつ、
ちぎった焼き海苔としょうゆをかけ混ぜます。

② 卵を割り入れて、くずしながらいただきます。

③ お好みで、ラー油やごま油を足すのもおすすめです。

海苔トマトそうめん

だしを使わない、そうめんつゆ。
秘密は、おいしい海苔とトマト、梅干し、それぞれの旨味です。
とてもさっぱりしているので、夏にぴったり。
薬味を加えるなら、大葉、きゅうり、
鶏のささみをゆでてほぐしたものなどがおすすめ。
絹ごし豆腐を冷たいまま、
このつゆでいっしょに食べるのもいいですね。

材料 2人分

そうめん	4束
焼き海苔	2枚
トマト	1コ（約200g）
梅干し	2コ
塩	小さじ1
水	100cc
みょうが	2コ

つくり方

これを多めに作って
茹でたホウレンソウや焼き魚に
かけても。

① ボウルに水を入れて、塩を溶かし、
トマトをすりおろして入れます。

② みょうがを小口切りにしておきます。

③ そうめんをゆで、水で洗ってからザルにあげ、
水気を切って、器に盛ります。

④ そばちょこに、梅干しを1コずつ入れます。

⑤ ①に、ちぎった焼き海苔を加えてさっと混ぜて、
④に注ぎます。

⑥ 梅干しをつぶしながら、
海苔といっしょに、お好みでみょうがを添え、
麺にからめてどうぞ。

海苔しらすチーズトースト

意外なくらいよく合う、パンとしらす。
シンプルにそのおいしさが楽しめる一品です。
海苔は、ちぎってのせると、より食べやすくなりますよ。
釜揚げしらすのかわりに、じゃこや、ベーコン、ハムでも。
チーズを、たとえばブルーチーズにかえて、フランスパンを使えば、
ワインに合うおつまみにも変身します。

材料　1人分

食パン	1枚
バターまたはマヨネーズ	小さじ1
とろけるスライスチーズ	1枚
釜揚げしらす	適量
焼き海苔	1/4枚
しょうゆ	適量

つくり方

① 食パンにバターまたはマヨネーズをぬります。

② とろけるスライスチーズ、
その上に釜揚げしらすをのせ、
オーブントースターでチーズが溶けるまで加熱します。

③ 焼き海苔をちぎってしょうゆをつけ、
トーストにのせていただきます。

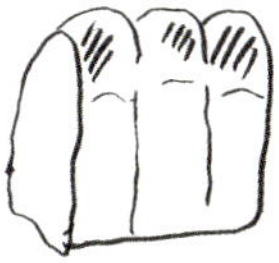

海苔とホタテの和風パスタ

シンプルに、バターとホタテ、
塩と海苔だけのスパゲッティです。
にんにくやオリーブオイルを使わずに、海苔の風味をいかしました。
ホタテの貝柱は、ほぐし身でも大丈夫。
イカの塩辛や、カニのむき身でもおいしくできます。
そのときは、フライパンに水を少し足してくださいね。

材料 2人分

スパゲッティ	180g
塩	ゆでる水の量の1%
ホタテ水煮缶	1缶（135g）
焼き海苔	3枚
バター	10g
うすくちしょうゆ	適量

つくり方

① 鍋に湯を沸かし、塩を入れ、
スパゲッティを時間通りにゆではじめます。

② ゆであがる5分前に、
フライパンにホタテの水煮缶を汁ごとあけ、火にかけます。

③ 沸騰したら、海苔2枚をちぎって入れます。

④ スパゲッティのゆで汁大さじ2を、フライパンに加え、
ゆであがったスパゲッティをからめます。

⑤ バターを加えて溶かし、味をみて、
足りないようであれば、うすくちしょうゆを適量加えます。

⑥ 皿に盛り、焼き海苔1枚をちぎってのせて、できあがりです。

シンプルな白い皿

シンプルな白い皿は、たいていどんな食器とも合い、
料理も映えるものです。
私が愛用しているのは、
映画『かもめ食堂』の撮影で使ったお皿
（ちゃっかり格安で買い取ったのです）。
リム（縁）がないので、
和・洋・中、どんな料理とも相性がよく、
一人用のメインディッシュ用に、
また、みんなでつつく大皿風にと、
いろいろ便利に使っています。
4枚、あるいは6枚など揃えて買っても失敗がなく、
飽きのこない白い皿。おすすめです。

おもち

お正月にかぎらず、ふと食べたくなる、おもち。
きっとどの家庭にも定番の食べ方があると思いますが、
たまにはこんなレシピはいかがですか？

おろし納豆もち

だいこんおろしだけじゃなく、
おかかとか納豆も入っているので、
焼きもちにからみやすく、おいしくいただけるレシピです。
おかかのかわりに桜エビをちぎってのせたり、
納豆のかわりにメカブなど、
旨味と粘り気のあるもので代用しても。
味つけに、みそを使うところも、ポイントです。

材料 2人分

切りもち	4コ
ひきわり納豆	1パック（45g）
だいこんおろし	100g
みそ	大さじ1〜1と1/2 （塩分によって加減）
細ねぎ	適量
おかか	1/2パック（約3g）

つくり方

① だいこんを洗い、皮付きのまま、おろします。
ザルにあけ、軽く水を切ってから、分量を量ってください。

② 細ねぎを小口切りにします。

③ オーブントースターでもちを焼きます。
途中で前後を入れ替えると、まんべんなく焼きあがります。
ぷっくりとふくらみ、焦げ目がついたらOKです。

④ ボウルにだいこんおろし、ひきわり納豆、
みそを入れて混ぜます。味をみて、薄いようなら
みそを足します。お好みで、納豆についているからしや
タレを入れてもいいですよ。

⑤ ④に焼きあがったもち、おかかを入れてからめます。
器に盛って、細ねぎを散らしてできあがりです。

くるみもち

からだをあたためる食材がいっぱいの、
冬にぴったりの甘味です。
さらに加えるとしたら、おすすめなのがバナナ。
オーブントースターで７～８分、
皮ごと焼いて、とろとろにして、入れてください。
また、バニラアイスクリームを添えてもいいですし、
きなこを入れてもおいしいですよ。

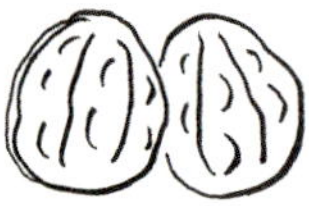

材料　2人分

切りもち	2コ
むきくるみ	20g
黒糖	大さじ1
しょうゆ	小さじ1
シナモン（粉末）	少々

黒糖がなければ
メイプルシロップや はちみつ
でもいいですよ。

つくり方

① むきくるみを軽く煎り、すり鉢ですります。
つぶつぶが残る程度に、少し粗めに仕上げます。
すり鉢がなければ、包丁で刻んでも、
ビニール袋に入れて叩いても。

② くるみに、黒糖としょうゆを入れて混ぜ、
シナモンを入れます。
シナモンは香りづけなので、ほんの少しで大丈夫。
これでくるみあんが完成です。

③ もちをゆでます。
熱湯に入れて、弱火で3分加熱し、
火を止めてふたをして1分おきます。

④ もちを取り出し、軽く湯を切り、
1コずつ、②にまぶしてできあがりです。

お好み焼きもち

お好み焼きの味つけをした焼きもちです。
オイスターソースを、ポン酢や、しょうゆにしてもいいですし、
からしを添えても。
豚ばら肉のかわりに、ゆでダコを入れると、たこ焼き風になりますよ。
おやつにぴったりですし、お酒のつまみにも、どうぞ。

材料 2人分

切りもち	3コ	ウスターソース	大さじ1
キャベツ（2枚くらい）	60g	オイスターソース	小さじ1
チーズ（ピザ用）	40g	おかか	適量
豚ばら肉	50g	青海苔	適量
卵	1コ	紅しょうが	適量
油	適量		

つくり方

①キャベツを太めのせん切りにし、チーズと混ぜておきます。

②豚ばら肉を5cm程度に切っておきます。

③切りもちをクッキングシートにのせ、電子レンジへ。
途中でひっくり返しながら、すこしふくらんで、
やわらかくなるまで、様子を見ながら約1分半加熱します。

④ウスターソースとオイスターソースを混ぜておきます。

⑤熱したフライパンに油をひき、もちを並べ、
クッキングシートをかぶせ、ヘラやおたまの背でつぶして
広げながら、中火で加熱します。

⑥クッキングシートを外し①をのせ、
ふたをして少し焼きます。

⑦もちがこんがりして、
キャベツがしんなりしたら、豚ばら肉をのせ、
少しくぼみをつくって卵を割ってのせます。

⑧卵をくずし、広げたら、ひっくり返し、
ふたをして2分ほど焼きます。

⑨少しめくってみて、こんがり焼き色がついたら、
卵が上になるようにひっくり返してクッキングシートに移し、
食べやすい大きさに切ります。

⑩皿にのせ、合わせたソースをかけ、
おかかと青海苔をのせて、紅しょうがを添えます。

じゃがバタもち

ついついおなかいっぱい食べたくなる、
おもちのレシピです。
最後に加える明太子のかわりに、
たらこを使ってもいいですし、
イカの塩辛でも（北海道では、じゃがバタに塩辛をのせますよね）。
焼き海苔や細ねぎをたっぷりかけても、おいしくいただけます。

材料　2人分

切りもち	2コ
じゃがいも	1コ
バター	適量
しょうゆ	適量
明太子	お好みで

つくり方

① じゃがいもの皮をむき1.5cmの角切りにし、
5分ほど、水にさらします。

② 小鍋に水とじゃがいもを入れ、火にかけます。
沸いたら弱火で7～8分、コトコトゆでます。

③ もちを加え、3分半～4分煮ます。

④ もちがやわらかくなったら湯をすて、
煮えたじゃがいもともちをヘラなどでつぶし、混ぜます。

⑤ 器に盛り、バターをのせ、しょうゆを適量かけます。
お好みで、めんたいこをのせて、どうぞ。

ゆずこしょうみそもち
（お茶漬け風）

お茶漬けを、おもちでつくったら、
という発想からうまれたレシピです。
みそは、お好みのものを使ってください。
おもちを揚げ焼きしているので、麦みそも合いますし、
とうがらしみそや、ふきみそ、油みそなど、
家にある香りみそを使ってもいいですよ。
香りのあるみそを使う場合は、ゆずこしょうを省いても。

材料 2人分

切りもち	2コ
ゆずこしょう	小さじ1/2
みそ	大さじ1/2
だし汁	300cc（20ページ参照）
塩	小さじ1/2
三つ葉	適量
あられ	適量
焼き海苔	お好みで
ゆず	お好みで
サラダ油	適量

つくり方

① みそと、ゆずこしょうを混ぜます。

② だし汁をあたため、塩で味をととのえます。

③ 三つ葉を2cm程度に刻んでおきます。

④ フライパンにサラダ油をたっぷりめにひき、
あたたまったらもちを入れ、強めの弱火でじっくりと
きつね色になるまで両面を揚げ焼きにします。
菜箸などを刺して、中までやわらかくなっていれば大丈夫です。

⑤ お椀にあたためただし汁を注ぎ、
揚げ焼きしたもちを入れます。

⑥ ①をのせ、あられ、三つ葉を散らします。
お好みで、焼き海苔やゆずの皮を添えてどうぞ。

色柄ものの小皿

メインのお皿がシンプルな分、
小皿や鉢などは、柄や色ものを選んで遊びます。
ふだんの食材には、だいこんおろし、豆腐、長いもなど、
白いものも多いので、
こういう色柄ものに入れると引き立ちます。
食卓の色合いが締まるような濃い色のもの、
はなやかな気分になるパステル調や柄もの、
そして、変形皿は、かたちや雰囲気を変えて、
あえてバランスをくずすことで、食卓を彩ります。
いずれも、買うときは、一目惚れです。

お酒のつまみ

食事の副菜にもなるし、お酒を飲むときはつまみにもなる。
そんな、ちょっと大人っぽい、
そしてほかにはあまりない、オリジナルのレシピをあつめました。
くれぐれも飲みすぎにはご注意くださいね。

たけのこの青海苔みそかけ

青海苔の種類によっては、水分を吸収して、
この分量では硬めのみそあんになることがあります。
そのときは、とろりとするぐらいまで水でのばしても大丈夫です。
みそは、白みそでなくてもよいのですが、
そのときはちょっと砂糖を加えてください。
残ったみそあんは、薄味で炊いたおでんや、
ふろふきだいこんにも活用できますよ。

材料　4人分

たけのこ	1本 （米ぬかと赤とうがらしを入れ、 皮つきのまま水から1時間ゆで、 そのまま冷ましておきます）
［みそあん］	
青海苔	大さじ3
白みそ	大さじ2
水	大さじ2
みりん	大さじ1
しょうゆ	大さじ1/2

つくり方

① 下ゆでして冷まし、
米ぬかをきれいに洗ったたけのこの皮をむき、
食べやすく切り、両面を軽く焼きます。
魚焼き用の網でもいいですし、
うすくサラダ油（分量外）をひいたフライパンでも大丈夫です。
買ってきたゆでたけのこは、ゆでたてに比べて
香りが薄いので、お吸いもの程度に味をつけただし汁で
煮て、水気を切ってから使ってもいいですよ
（焼いても、そのままでも）。

② ボウルにみそあんの材料を入れ、混ぜます。

③ たけのこを器に盛り、②をかけてできあがりです。

なすフライ

『トイレット』という映画で、
おばあちゃんがつくる「しゃけじゃが」の副菜です。
主菜がじゃがいもなので、ポテトフライのかわりに、
わたしも大好きななすを使いました。
スペイン料理に似たものがあったのが、ヒント。
油を吸いすぎないように、ころもをつけて揚げています。

材料 2～3人分

なす	3本	黒こしょう	少々
薄力粉	適量	パセリ	少々
水	70cc	ケチャップ	適量
揚げ油	適量	タバスコ	適量
レモン	お好みで		

［A］

米粉 （コーンスターチ50g+薄力粉15gでも）	65g
塩	小さじ1弱
ガーリックパウダー	小さじ1/2
ジンジャーパウダー	少々
パウダーこしょう	少々（あれば）

つくり方

① なすはヘタを取って皮をむき、5cmほどの細長い乱切りにして、10分間水にさらします。

② ボウルに［A］を入れ、水を少しずつ加えて混ぜ、ころもをつくります。

③ なすの水気をキッチンペーパーなどでしっかりふき取り、薄力粉をまぶして、②のころもをつけます。

④ 180度に熱した油で2～3分揚げ、網にキッチンペーパーを重ねたバットに取ります。

⑤ 器に盛り、黒こしょうをふって、刻んだパセリを散らし、レモンを添えます。お好みで、タバスコを混ぜたケチャップをつけて食べてもおいしいですよ。

イカとトマトの肝《きも》焼き

イカのわたとバターのコク、
トマトのさっぱり感を一緒にたのしむメニューです。
このままお酒のあてにしてもいいですし、
和風のパスタソースとして使ってもおいしいですよ。

材料　2人分

イカ	1ぱい	サラダ油	小さじ1
トマト	中1コ	赤とうがらし（輪切り）	適量
おろしにんにく	小さじ1/2		
バター	小さじ1	大葉	2枚

［A］

うすくちしょうゆ	小さじ1
みりん	大さじ1/2
酒	大さじ1/2

つくり方

① イカのわたを外し、皮をむいてひと口大に切っておきます。
トマトはくし形に切っておきます。

② イカのわたに切れ目を入れ、箸などで中身をしごき取り、
ボウルに入れます。そこに［A］を入れて、
なめらかになるまで混ぜておきます。

③ フライパンにバター、サラダ油、にんにく、赤とうがらしを
入れて火にかけます。香りが出てきたら、イカを入れて、
1～2分炒めたところで、トマトを入れて炒め合わせます。

④ ②をまわし入れ、ざっとかき混ぜ、火を止めます。
味をみて薄ければ、うすくちしょうゆ（分量外）を
少したらしてもいいですよ。

⑤ 器に盛り、せん切りにした大葉を散らします。

シーフードマリネ

ナンプラーを使った、ちょっとタイ風のマリネです
（この“ちょっと”がいいんです）。
酸味は、酢、レモン以外にも、ライムやかぼすなどもいいですね。
また、とうがらしで辛味を足してもおいしくいただけます。
エビがなければ、タコだけでも。夏ならだいこんをセロリにかえたり、
プチトマトを足してもいいですね。

材料 2〜3人分

ゆでダコ	150g	きゅうり	1本
ゆでエビ	100g	大葉	2〜3枚
だいこん	10cm（300g）	黒こしょう	少々

[A]

塩（下味用）	小さじ1/2
昆布	5cm角1枚

[B]

ナンプラー	大さじ1
酢（またはレモン汁）	大さじ2
砂糖	小さじ1〜1と1/2

つくり方

① だいこんときゅうりを、5mm厚の短冊切りにします。

② ①をビニール袋に入れ、下味用の塩と昆布を入れて混ぜます。15分おいたら、水気を切ります。

③ タコとエビを食べやすい大きさに切り、②と合わせた［B］、黒こしょうで和え、冷蔵庫で30分以上なじませます。

④ 食べる直前に、大葉を刻んで混ぜます。味をみて、薄いようなら塩（分量外）を調節しながら足してできあがりです。

サバとたまねぎのみそ和え

お酒のつまみはもちろん、
ふだんのごはんもすすむ一品です。
サバの水煮缶、たまねぎ、みそ、白ごまで、手早くかんたん。
焼き海苔を加えたり、さらにキムチを加えてもおいしいですよ。
できあがりが色味の少ない一品ですが、
きれいな色や、かわいい形の器に盛ってどうぞ。

材料　2人分

サバ水煮缶	1缶（190g）
たまねぎ	1コ
みそ（ふだん使っているもの）	大さじ1
白ごま	小さじ1

つくり方

① たまねぎをスライスします。
辛味が強ければ、皿に広げて空気にしばらくさらすか、
5分ほど水にさらして、ザルにあげ、水を切っておきます。

② ボウルに、たまねぎ、みそを入れてかるく和え、
サバの水煮缶の汁気を切り、少しほぐしながら加えます。

③ 全体を和えて、白ごまをふったらできあがりです。

春菊としめじのおひたし 黄身じょうゆ

おひたしって、さっぱりしている副菜ですが、
そこにちょっとコクを足して、お酒のつまみをつくりました。
コクを出すのに使うのは、卵の黄身。
まろやかさも加わりますから、
春菊など香りの強い野菜が苦手な人もぜひ試してみてくださいね。

材料　2人分

春菊	1/2束（80g）　ニラでもOK
しめじ	1/2パック
焼き海苔	1/2枚
卵黄	新鮮なもの1コ分
しょうゆ（だしじょうゆでも）	適量
塩	少々

つくり方

① しめじの石づきを取り、塩ゆでしてザルにあげます。

② 同じ鍋で春菊をゆで、水に取り、
しぼって5cmに切ります。

③ ①と②をちぎった焼き海苔と和え、器に盛ります。

④ 卵黄をのせ、しょうゆをかけます。
生卵を使っているので、すぐ食べきってくださいね。

車麩《くるまぶ》ステーキ

車麩をもどし、
そのすがたのまま卵をつけて焼いてみたところ、
卵があまり染みていかなかったんです。
卵がたっぷり染みたほうがおいしいと思い、
このスペイン風オムレツ的なレシピを考えました。
もっと味にコクを出したいときは、かつおぶしの粉末を入れたり、
卵をだしで溶いてもいいですね。
車麩は沖縄のものがやわらかくておすすめです。

材料 2人分

車麩（ぜに麩でも）	2枚（25g）
卵	3コ
塩	小さじ1/3
サラダ油	大さじ1
おろししょうが	小さじ1
しょうゆ	適量
おかか	1/2パック（約3g）

いっそのこと
油あげでも…。

つくり方

① 車麩を水でもどし、絞って、
食べやすい大きさにちぎっておきます。

② ボウルに卵を割り入れ、塩を加えてよく混ぜ、
①を5分ほど浸します。

③ 小さめのフライパンにサラダ油をひき、中火にかけ、
②を流し入れます。
ざっくりかき混ぜてから弱火にしてフタをし、
2～3分焼いたらひっくり返して、さらに2～3分焼きます。

④ 器に盛り、おかかをかけ、
しょうがをのせて、しょうゆでいただきます。

ランチョンマット

こどものころ、はじめて友だちの家で
ランチョンマットを敷いてもらったときの印象は、
“だれにも侵入されない（とられない）、自分の場所”という、
ちょっとうれしいものでした。
けれども、いざ探すと、
なかなか気に入るものがなかったりもするので、
大きなハンカチを折って使ったり、
数が必要なときには、すてきな柄の紙などを
ランチョンマットとして使っています。

卵や野菜のしっかりおかず

冷蔵庫に常備している食材で、ごはんがすすむおかずをつくりました。
お肉がメインディッシュのときに、
「これもおいしい!」とよろこばれる副菜にもなりますよ。

長いもとアボカドのマグロごま和え

ほとんどまな板を使わないレシピです。
お刺身用のマグロがちょっと余ったな、というときに
ぜひ試してみてください。
長いもをたたいて砕くのは、そのほうがタレがからみやすいから。
和えダレにマヨネーズをちょっと入れることで、
和風と洋風の中間のおそうざいができました。

材料 2人分

マグロの赤身（刺身用）	100g
アボカド	1コ
長いも	150g
和えダレ	
しょうゆ	大さじ1と1/2
みりん	大さじ1/2～1
白すりごま	大さじ1
わさび	小さじ1/2～1
マヨネーズ	小さじ1

つくり方

① 和えダレを混ぜておきます。

② マグロ（サクの場合は削ぎ切りにします）を5分ほど、和えダレにつけます。

③ 長いもの皮をむき、ビニール袋に入れて、めん棒などでたたいてひと口大にします。

④ アボカドは半分に切り、種を取り、果肉をスプーンでひと口大にすくいます。

⑤ 長いもとアボカドを器に盛り、マグロを上にのせて、混ぜながらどうぞ。

丼にしても！

根菜みそ大学

ヘンな名前！

根菜を大学いも風のおかずに仕立ててみました。
ここにあげたもののほかに、さといも、にんじん、じゃがいも、
ゆでたごぼうなどでも大丈夫。
大学いもは揚げますが、ここでは油で焼いています。
硬めにゆでてから焼いてもいいですよ。
もし、甘いものが苦手であれば、とろみはちょっと減りますが、
みりんやはちみつを減らしてもよいでしょう。

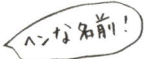

材料　3～4人分

さつまいも	1/2本
かぼちゃ	1/6コ
れんこん	10～15cm
サラダ油	大さじ2～3
黒ごま	少々
タレ	
みそ	大さじ1
水	大さじ2～3
みりん	大さじ1
はちみつ	大さじ1/2～1

つくり方

① さつまいも、かぼちゃ、れんこんを5～6mmの厚さに切ります。

② フライパンにサラダ油をひき、①をじっくり両面焼き、皿に盛ります。

③ タレの材料を合わせて鍋に入れ、沸騰させ、弱火で約1分おきます。

④ とろみがついたら、②にかけて、黒ごまをふります。

トマトと卵としらす炒め

中華料理の卵とトマトの炒めものをヒントに、
和そうざい風にアレンジしました。
釜揚げしらすがないときは、ちりめんじゃこでも。
トマトの湯むきがめんどうな方は、ヘタを取って、そこにフォークを刺し、
反対側に十字の切り込みを入れて、直火であぶります。
それを水につけると、皮がかんたんにむけますよ。

材料 2〜3人分

卵	3コ
トマト	大1コ
釜揚げしらす	大さじ3（20g）
塩	小さじ2/3
こしょう	少々
ごま油	小さじ1
サラダ油	大さじ1/2

つくり方

① トマトを湯むきして、種をとり、2cm角に切ります。

② 卵を割りほぐし、塩、こしょうをして混ぜます。

③ 熱したフライパンにごま油をひき、しらすを入れ、トマトを加え、軽く1分ほど炒めて取り出します。

④ 同じフライパンにサラダ油をひき、卵を入れ、ざっくり混ぜ、半熟になりかけたら、すばやく③をもどして、炒め合わせます。

キャベツと卵のチーズ焼き

私が好きなイタリア料理店のメニューを自分流にアレンジしてみました。
キャベツをじっくりじっくり炒めるのがポイント。
半熟卵をよく混ぜて食べると、とってもおいしいですよ。
さらにアレンジするなら、たまねぎを入れてもいいし、
ベーコンを加えても。
ちょっと焦げたところもおいしいです。
パンによく合うレシピですが、ごはんのおかずにするときは、
最後にちょっとおしょうゆをたらしてくださいね。

材料 2〜3人分

キャベツ	1/2コ（500g）
卵	2コ
パルメザンチーズ	大さじ2
バター	20g
オリーブオイル	大さじ1/2
塩	小さじ2/3
黒こしょう	少々

つくり方

① キャベツを1cm幅に切ります。

② バターを溶かしたフライパンにキャベツを入れ、弱めの中火でじっくり7〜8分炒めます。

③ 塩、こしょうで味をととのえ、パルメザンチーズの半量を加えて混ぜます。

④ ③を耐熱皿に入れ、くぼみを2ヶ所つくり、卵を割って落とします。

⑤ 残りのパルメザンチーズとオリーブオイルを全体にかけ、予熱をしたオーブントースターで約5分、白身が白っぽくなるまで焼きます。
食べるときはよく混ぜてどうぞ。

ひき肉の卵焼き

ごはんがすすむ卵焼きです。ひき肉のかわりに豚ばら肉、
ハム、ベーコンでもいいですし、
チーズにモッツァレラを使うと、また違った味がたのしめます。
卵は、ボウルで混ぜず、目玉焼きのようにフライパンに落とし、
加熱しながら、卵黄をくずし、
白身と黄身が混じりきらない感じに仕上げましょう。
ポン酢ではなく、ソースとマヨネーズでも、合いますよ。

材料 2～3人分

豚ひき肉	80g
卵	2コ
スライスチーズ	2枚
細ねぎ	適量
しょうゆ	小さじ1
みりん	小さじ1
サラダ油	小さじ1
おかか	少々
ポン酢（またはソース）	適量
マヨネーズ	お好みで

つくり方

① 豚ひき肉はサラダ油（分量外）を少しだけひいたフライパンで、粗くほぐしながら炒め、しょうゆとみりんで味をつけておきます。

② 別のフライパンを熱し、サラダ油小さじ1をひき、卵を割り入れ、卵黄をくずしてフライパン全体に広げます。

③ ①と、小口切りにした細ねぎ、スライスチーズを②にのせ、3つ折りにして、両面を焼きます。

④ おかかをのせ、ポン酢（またはソースとマヨネーズ）をかけていただきます。

ふっくら卵焼きの
アサリとホタテあんかけ

茶碗蒸しみたいにふっくらとした卵焼きに、
魚貝がたっぷりのあんをかけていただきます。
汁をたっぷり含ませますが、片栗粉を使うことでまとまります。
このレシピでは生のアサリとホタテの貝柱を使っていますが、
水煮缶で代用してもいいですよ。
具材にしいたけやしめじなど、きのこを加えても。

材料　2人分

- 生ホタテの貝柱　4コ
- アサリ　250g
- 酒　大さじ2
- 卵　3コ
- [A]
  - アサリの蒸し汁＋水　100cc
  - みりん　小さじ1
  - 片栗粉　小さじ1/2
- サラダ油　大さじ1
- ごま油　大さじ1/2
- 塩　お好みで
- しょうゆ　お好みで
- [B]
  - だし汁　200cc
  - 砂糖　小さじ1/2
  - 塩　小さじ1/2
  - 片栗粉　小さじ2

つくり方

① 砂を抜いたアサリを酒蒸しし、殻が開いたら火を止めます。あら熱が取れたら身を取り出しておきましょう。蒸し汁は、別に取っておきます。

② 卵を割りほぐし、[A] を加えて混ぜます。

③ 熱したフライパンにサラダ油をひき、②をざっくり混ぜながら焼いてまとめ、皿に盛っておきます。

④ 同じフライパンを熱し、ごま油をひき、食べやすい大きさに切ったホタテの貝柱を軽く炒め、アサリのむき身を加えます。

⑤ ④に [B] を混ぜながら加え、中火で、沸騰してとろみがつくまで混ぜつづけます。

⑥ 味をみて、薄ければ、塩やしょうゆで味をととのえ、③にかけてできあがりです。

ホタテとたまねぎのチヂミ

焼くと甘みが出ておいしいたまねぎを、
ホタテの水煮と合わせて、韓国風のチヂミをつくりました。
缶詰とたまねぎを常備しておけば、
急なお客さんのときにもよろこばれる一品に。
米粉を入れることでパリッとした食感になりますが、
薄力粉だけでも大丈夫ですよ。
ひっくり返しづらいのと、パリッとしなくなりますが、
それなりにおいしいのです。ごはんにのせてもおいしいですよ。

材料 4人分

ホタテ水煮缶	1缶（135g）
ホタテ缶の汁＋水	100cc
たまねぎ	中1コ
ごま油	大さじ2と1/2
からし	適量

［A］

薄力粉	大さじ5
米粉	大さじ3

つけダレ

しょうゆ	適量
酢	適量

［B］

塩	小さじ1/3
おろしにんにく	小さじ1/2
砂糖	小さじ1/2
白ごま	小さじ1

つくり方

① たまねぎを5mmにスライスし、ボウルに入れ、［A］を入れてよく混ぜます。

② ホタテ缶の身と汁を分けます。身はほぐし、汁は水と合わせて100ccにして、どちらも①に加えます。

③ さらに［B］を入れてよく混ぜ合わせます。

④ 熱したフライパンにごま油を半量ひき、③を全体に広げて、中火で4～5分焼きます。

⑤ めくってみて、きつね色になったらひっくり返します。

⑥ ごま油の残りをまわし入れ、こんがり焼きます。焼きあがったらキッチンペーパーではさみ、余分な油を切ればできあがりです。

⑦ 食べやすい大きさに切り、合わせたつけダレ、からしを添えてどうぞ。

スープボウルと、
ナイフ&フォーク

「どうして？」と家族や友だちに言われるんですが、
私、スープ皿やナイフ＆フォークを
家で使うのが、ずっと照れくさかったんです
（何ででしょう？　仕事では平気なのに。不思議ですよね）。
そう思っていた私にぴったりのものを旅先で見つけ、
すっかりお気に入りになりました。
使ってみると、スープはお椀じゃなくて
ちゃんとスープの器に入れると、
より、おいしそうに見えることがわかりました
（この器は、洋食だけでなく、中華でもOKです）。
ナイフ＆フォークの照れくささは、
大げさなくらいの刃の大きさにあったみたいで、
小ぶりのものが、私には使い勝手がよくて、
照れずに使うことができるようになりました。
いまでは、「いつかは、クリストフルもいいなあ」
と思ったりもしています。

箸やすめ

食事の途中で、口のなかをさっぱりさせる、
気分転換的な役割の「箸やすめ」。
でも、もしかしたら、
このレシピは「おかわり！」と言われてしまうかも？
お客様がきたとき「とりあえず」と、
レストランのアミューズのように使ってもいいかもしれません。

ピーマンとおかかのきんぴら

映画『めがね』でもつくったメニュー。
ピーマンは味がからみにくい素材なので、
最後におかかをまぶすことで
汁気をからませることができます。
ピーマンが足りなければ、
だいこんの皮を刻んで足してもいいですよ。

材料　4人分

ピーマン	6〜7コ（約200g）
おかか	1/2パック（約3g）
[A]	
うすくちしょうゆ	小さじ2
酒	大さじ1/2
砂糖	小さじ1
ごま油	大さじ1

つくり方

① ピーマンは半分に切り、
種を取って3〜4mmにスライスします。

② フライパンを中火で熱し、ごま油をひき、ピーマンを炒め、
色が鮮やかになったら、[A]を合わせて入れます。

③ 汁気が少し残る程度で火を止め、
おかかを加えて混ぜます。

なすときゅうりのポン酢漬け

「ほぼ日」の給食でも好評だった一品です。
からしをわさびにかえたり、一味とうがらしや山椒を加えると、
がらっと味が変化してたのしめます。
刻みしょうがやみょうがをのせてもさわやかです。
夏、お冷やごはんにこれをたっぷりのせて、麦茶をかけると、
冷たいお茶漬けにもなるんです。

材料　4人分

なす	2本
きゅうり	1本
[A]	
ポン酢	100cc
水	100cc
からし	小さじ1
大葉	3枚
釜揚げしらす	20g
白ごま	小さじ1

辛子をわさびにしてもいいですよ。

つくり方

新鮮なものはヘタにとげがあるよ

① なす、きゅうりを薄切りにして、[A]を混ぜた汁に5分つけます。これでなすのアクも抜けます。

② ボウルに①を軽く絞って入れます。

③ 刻んだ大葉、しらす、ごまを入れ、和えればできあがりです。

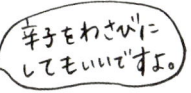

焼きそら豆

そら豆の薄皮をむいてフライパンで焼くレシピです。
ゆでたそら豆とはまったく違うおいしさ。
一見、むきにくそうな薄皮ですが、
少し切れ目を入れるとすぐにむけますよ。
山椒はミルでひきたてを使うのがおすすめ。
乾燥実山椒が手に入りにくいときは、ふつうの山椒でも大丈夫です。

材料 2〜3人分

薄皮をむいたそら豆	130g
ちりめんじゃこ	大さじ2（10g）
サラダ油	少々
塩	少々
乾燥実山椒（粉末）	お好みで

つくり方

① 熱したフライパンにサラダ油をひき、そら豆と塩を入れ、中火で3〜4分焼きます。

② ①の途中でちりめんじゃこを加えて炒めます。

③ 仕上げに、乾燥実山椒をお好みでふってどうぞ。

炊きたてご飯に
混ぜればそら豆ごはんに！

プチトマトのすっぱいピクルス

和食の材料なのに、ふしぎと洋食にも合う箸やすめです。
プチトマト以外にも、だいこんやかぶ、きゅうり、たまねぎなど、
いわゆるピクルスにする食材でいろいろ試してみてくださいね。
冷蔵庫で保存し、早めに食べ切ってください。
保存容器は容量350～400ccのものをご用意ください。
「つくり方」に2日間寝かせて、と書いていますが、
1日で食べても、フレッシュな味がたのしめるレシピ。

材料　3～4人分

プチトマト	1パック（200g）
梅干し	大1コ
[A]	
酢	150cc
水	40～50cc
砂糖	大さじ3
塩	小さじ1
だし昆布	切手大1枚

つくり方

① 容器を熱湯消毒し、自然乾燥させておきます。

② 鍋に［A］を入れて火にかけます。
砂糖が溶けたら火から下ろしてあら熱を取っておきます。

③ プチトマトはヘタを取り、湯むきします。

④ 容器にプチトマト、②、梅干しを入れます。

⑤ ふたをしっかりして、
2日間冷蔵庫で寝かせればできあがりです。
そのまま食べても、だいこんおろしと和えて、
漬け汁を少したらしてもおいしいですよ。

セロリの梅おかか和え

セロリは、しんなりさせても、
シャキシャキ感が残る野菜です。
そんなセロリ2本分があっという間に食べられるレシピ。
お漬物のように、
いつもの食卓に加えてみてくださいね。

材料　3～4人分

セロリ	2本
おかか	1パック（5g）
［A］	
梅肉	20g（梅干し大1コ分）
うすくちしょうゆ	小さじ1/2
サラダ油	小さじ1

つくり方

① セロリは5cmの長さに切り、縦に薄くスライスし、葉は細かく切ります。

② ボウルで［A］をなめらかになるまで混ぜ、①を加え、和えます。

③ しばらくすると水分が出てしんなりするので、おかかを加えて混ぜます。

盆ざる、木べら、落としぶた

毎日使って、味わいが出てきた道具が好きです。
もちろんシリコンのへらも便利で使いますが、
使い込んで味が出るということがないんですね。
なので、家ではなるべく自然素材のものを
身のまわりにおこうと心がけています。
たとえば、自然の木でつくられたへら、ざる、落としぶた。
盆ざるなどは、下ごしらえした素材を
別々においておけたり（バットがわりですね）、
紙を敷けば、揚げ物の油切りにもなります。
これ、蒸れなくて、いいんですよ。
ゆでた野菜を広げて冷ますと、
水にとらなくても色よく仕上がります。
そのまま、器にもなりますしね。

肉や魚のしっかりおかず

『LIFE』1、2、3巻で紹介しきれなかった、
オリジナルのおかずレシピ。
豚肉、鶏肉、牛肉、お刺身。
食べごたえたっぷりで、満足感のある料理をならべました。

炒め酢豚

秋はきのこ、
冬は根菜でアレンジも
いいですね。

お肉を揚げずに、
フライパンで焼いてタレをからめて仕上げる酢豚です。
しょうが焼き用のお肉を使いますが、厚いお肉で食べたい人は、
とんかつ用を1cmくらいに切って使うと、
ボリューム感がたのしめますよ。
さらに、なすやピーマンを入れてもいいですね。
細ねぎのかわりに、大葉を使っても。

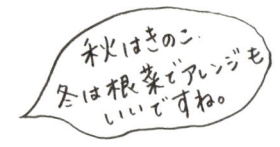

材料　3〜4人分

豚肩ローススライス（厚さ5mmくらいのしょうが焼き用）　250g

たまねぎ	中1/2コ	細ねぎ	3本
トマト	中1コ	しょうがのみじん切り	小さじ1
ごま油	大さじ1		

下味

塩	ひとつまみ
こしょう	少々
酒	大さじ1
片栗粉	大さじ1

［A］

水	大さじ4
鶏ガラスープの素	小さじ1/2
砂糖	大さじ2
酢	大さじ2
しょうゆ	大さじ1と1/2
酒	大さじ1
みそ	小さじ1
片栗粉	小さじ1
ごま油	大さじ1

つくり方

① 豚肉を2〜3等分に切り、下味の塩、こしょう、酒、片栗粉をまぶします。

② ［A］を合わせておきます。

③ 熱したフライパンにごま油をひき、しょうがを入れ、豚肉を広げて入れます。

④ 両面を焼いて、色が変わったら、1cmのくし形に切ったたまねぎを加え、透明になるまで炒めます。

⑤ くし形に切ったトマトを加え、軽く炒め合わせたら［A］を加えます。とろみがつくまで火にかけ、3cmに切った細ネギを加えてすぐに火を止めます。

だいこん・手羽先・油あげのだし煮

おでん感覚の煮物です。手羽先を水洗いするのは、
独特の生ぐさささを取るため。そして骨に沿って切れ目を入れるのは、
お肉に味をしみこませ、骨からだしを取るため。
できあがりは汁ごと食卓に出して、スープも一緒にどうぞ。
手羽先のかわりに豚肩ロースを大きめに切ったものでも
おいしくできあがります。
からしをつけてもおいしいですよ。

材料　4人分

手羽先	8本
だいこん	1/2本（600g）
油あげ	2枚
だし汁	1200cc
みりん	大さじ3〜4
塩	大さじ1

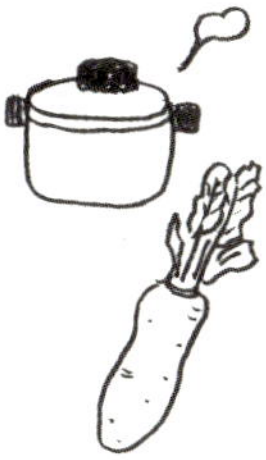

つくり方

① 手羽先を水で洗い、
キッチンペーパーなどで水気をよくふき取り、
骨に沿って切り込みを入れます。

② 油あげに熱湯をかけ、
あるいはキッチンペーパーでおさえて油抜きし、
3cmの幅に切ります。

③ だいこんの皮をむき乱切りにし、鍋に入れます。
手羽先、だし汁、みりん、塩を入れて火にかけます。

④ 沸騰したらアクを取り、油あげを加えて落としぶたをし、
弱火よりも少し強い火で30分ほど煮ます。

豚肉と大豆のトマトシチュー

最初にお肉に小麦粉をまぶして焼くことで、
仕上がりに程よいとろみが出ます。
大豆じゃなくても、ひよこ豆、インゲン豆でもおいしく仕上がりますよ。
豚肩ロースのかわりに、豚ばら肉でも。
ただし、まめに脂をすくってくださいね。

鶏もも肉もいいな

材料 4人分

豚肩ロース（かたまり）	500g
大豆の水煮	1缶（200g）
にんじん	1本
キャベツ	1/4コ
たまねぎ	1コ
にんにく	2片
ホールトマト	1缶（400g）
薄力粉	大さじ1
バター	20g
固形ブイヨン	2コ
白ワイン	100cc
ローリエ	2枚
水	600cc
塩	小さじ1と1/2
黒こしょう	少々
サラダ油	大さじ1

つくり方

① 豚肩ロースを3cm角くらいに切り、
塩小さじ1、黒こしょう、薄力粉をまぶします。

② フライパンを熱し、サラダ油をひき、①の表面を焼きます。

③ 鍋にバターを入れ、みじん切りにしたにんにく、
1cm角に刻んだたまねぎを炒めます。

④ ③に②を入れます。
さらに白ワイン、ホールトマト、固形ブイヨン、
水、塩小さじ1/2、ローリエ、ひと口大に切ったにんじん、
大豆を入れ、中火で加熱します。

⑤ 沸騰したらアクを取り、食べやすく切ったキャベツも加え、
ふたを少しずらしてのせ、時々脂をすくいながら、
弱火でコトコト40分ほど煮ます。

⑥ 味をみて、うすければ塩（分量外）で調味します。

だいこんおろしのしゃぶしゃぶ

しゃぶしゃぶにした野菜やお肉に、
とろみをつけた煮汁をたっぷりからめて、
汁もの感覚でおめしあがりください。
おかずとして、ごはんにも合いますし、
鍋ものとして、最後に雑炊やうどんで締めてもいいですね。
具材は、ほかにも油あげや魚の切り身も合いますよ。

豆腐もイイネ!

材料 4人分

豚肉（しゃぶしゃぶ用）	300g
水菜	1束
しいたけ	6枚
煮汁	
だし汁	1000cc
酒	50cc
うすくちしょうゆ	大さじ1
みりん	大さじ1
塩	小さじ1/2～1
片栗粉	大さじ1
水	大さじ2
だいこんおろし	200g（約1カップ、20cm分）
ゆずこしょう	適量
すだち	適量

つくり方

① 水菜の根の部分を切り落とし、半分の長さにします。しいたけは薄切りにします。

② 鍋に煮汁の材料を入れ、沸騰したら大さじ2の水で溶いた片栗粉を入れてとろみをつけます。

③ ②にだいこんおろしを加えます。

④ 豚肉、水菜、しいたけをさっとしゃぶしゃぶにします。ゆずこしょうやすだちを添えてどうぞ。

シメは にゅうめん！

お刺身の塩昆布ダレ

おしょうゆではなく、塩昆布のタレで食べるお刺身です。
ドレッシング感覚で、
お刺身と水菜を和えてサラダのように食べても。
お魚のかわりに、ホタテ、イカ、タコなどでも。
また、塩昆布は、塩分をみながら、
「ゆかり」にしてもいいですよ。

材料　2人分

刺身（ヒラメ、カレイ、タイなどの白身魚）	100g
水菜、みょうが、だいこんなど	適量
[A]	
水	80cc
みりん	小さじ1
片栗粉	小さじ1/2
塩	小さじ1/2
しょうゆ	少々
[B]	
塩昆布	刻んで小さじ1
大葉	2枚
すだちの果汁	小さじ1/2～1

つくり方

① 大葉を、細かく刻みます。

② 小鍋に［A］を合わせて、火にかけます。

③ 沸騰して、とろみがつくまで混ぜつづけたら、
火から下ろし、塩としょうゆを加えてよく溶かします。

④ ③のあら熱を取り、冷めたら、［B］を加えてよく混ぜます。
これでタレのできあがりです。

⑤ 削ぎ切りにした刺身、
せん切りした野菜を皿に盛りつけます。
タレをかけてどうぞ。

セロリと牛肉の煮物

シンプルなレシピなので、サッとつくれます。火が通ればできあがり。
5分でできるのに、ごちそう感のある一品なんです。
村上春樹さんの小説
『世界の終りとハードボイルド・ワンダーランド』に
出てきた料理をヒントにつくりました。
セロリだけじゃなく、ざく切りにした三つ葉やみょうがが、
長ねぎを細く切ったものを加えてもおいしいですよ。

材料　2人分

牛薄切り肉	150g
セロリ	1本
[A]	
だし汁	150cc
うすくちしょうゆ	大さじ1
みりん	大さじ1
片栗粉	小さじ1

つくり方

① 牛肉に片栗粉をまぶしておきます。

② セロリのすじを取り、
縦半分に切ってから、斜めの薄切りにします。
葉もざく切りにしておきます。

③ [A] を合わせて鍋に入れ火にかけます。
沸騰したら牛肉を入れて煮ます。

④ アクを取り、肉の色が変わったら、
セロリの茎と葉を加えます。

⑤ ひと煮立ちさせればできあがりです。

鮭じゃが

「肉じゃが」ではなく「鮭じゃが」。お肉のかわりに鮭を使った、
バターの香りがうれしい、ほくほく・あつあつのおかずです。
鮭の身がくずれやすいので、煮汁をからめるときには
フライパン全体をゆするのがポイントです。
映画『トイレット』に登場したレシピです。

材料　3～4人分

生鮭	2切れ
じゃがいも（メークイン）	4コ
にんじん	1/2本
たまねぎ	1/2コ
きぬさや	10枚
昆布だし	300cc
塩	少々
バター	小さじ1
[A]	
砂糖	大さじ1/2
酒	大さじ2
みりん	大さじ2
しょうゆ	大さじ2

つくり方

① 鮭を4～5等分の食べやすい大きさに切り、塩をふっておきます。

② じゃがいもの皮をむき、ざっくり大きめに3等分にして、水にさらします。

③ にんじんを乱切りに、たまねぎはくし形に切り、きぬさやはすじを取っておきます。

④ フライパンに、水を切ったじゃがいも、にんじん、たまねぎ、昆布だしを昆布ごと入れ、火にかけます。

⑤ 沸騰直前に昆布を取り出し、鮭と［A］を加えます。アクをすくい、落としぶたをして、中火で15分ほど煮ます。

⑥ 途中で時々フライパンをゆすって煮汁をからめ、少し汁が残った状態できぬさやを加えます。火が通ったらバターを入れ、火を止め、フタをして、少しおいて味をなじませたらできあがりです。

旅先の調味料

旅先では、塩やみそなどの調味料が気になります。
日もちするし、買って失敗することも少なくて、
なにより、その土地のことがわかる気がするからです。
海や、その土地に根づいた菌、つくり方、歴史が
それぞれ違うからでしょうか、
味もさまざまで、面白いです。
それに、その調味料を使うたびに、
旅のことを思い出すこともできます。
ちなみに、最近のお気に入りは、和歌山の白みそです。

デザート

食事の最後でも、あるいは、おやつやおもてなしにも便利な
デザートのレシピを3つ紹介します。
冷たいさっぱり味、ふっくらであたたかい味、そして、濃厚な味。
お料理にあわせて選んでくださいね。

グレープフルーツゼリー

グレープフルーツの酸味と苦味に、
アーモンド風味のミントシロップの甘さと
さわかさが同居するデザート。
ミントシロップは最初からかけてもいいですし、
途中でかけて味の変化を楽しんでもいいですね。
こってり系ごはんのあとのデザートにおすすめ。

材料　4～5コ分

グレープフルーツ	3コ
レモン	1コ
ミントシロップ	
水	100cc
グラニュー糖	大さじ3
ミント	適量
アーモンドエッセンス	10～20滴
グラニュー糖	大さじ1と1/2
粉ゼラチン	10g
80℃程度のお湯	100cc

つくり方

① グレープフルーツを横半分に切り、
1と1/2コ分の果肉をボウルにかき出し、
グラニュー糖をふり入れ、軽く混ぜて10分おきます。

② 残りのグレープフルーツとレモンの果汁をしっかりしぼり、
水（分量外）と①のボウルにたまった果汁を
合わせて560ccにします。

③ 大きめのボウルにお湯を入れて、
ゼラチンをふり入れて溶かします。

④ ③に②を注いでよくかき混ぜ、①を加えてさらに混ぜます。
器に流し入れ、冷蔵庫で3～4時間冷やして固めます。

⑤ ミントシロップを作ります。
鍋に水とグラニュー糖を入れ、弱火にかけて溶かし、
冷まして刻んだミントとアーモンドエッセンスを
加えたら、できあがりです。
固まったゼリーにかけてどうぞ。

よく冷やしてね

ココナッツパンケーキ

バナナを使ったあたたかいデザートです。
バナナをメープルシロップにつけるのは、おいしさのためだけでなく、
変色を防ぎ、色をきれいに保つため。
バナナのかわりにいちご、パイナップルやオレンジでもいいですね。
ほかにもベリー系を使ったり、くるみを刻んで上にかけたりしても
また楽しい食感が楽しめると思います。

材料　3〜4枚分

薄力粉	120g	牛乳	60cc
ベーキングパウダー	小さじ1	バター	15g
卵	1コ	メープルシロップ	60g
砂糖	大さじ2〜3	バナナ	1本
ココナッツミルク	60cc	サラダ油	適量

つくり方

① 薄力粉とベーキングパウダーを合わせ、ふるいます。

② バターを溶かしておきます。

③ バナナを薄い輪切りにし、メープルシロップにつけておきます。

④ ボウルに卵を割り入れ、砂糖、ココナッツミルク、牛乳、②を加え、よく混ぜ合わせます。

⑤ ④に①を加え、混ぜます。これが生地になります。

⑥ 熱したフライパンに薄くサラダ油をひき、生地をおたまで流し入れます。弱めの中火で2〜3分焼き、表面にぽつぽつ穴があいてきたら、フライ返しでいったん生地をはがし、そのまま30秒焼いてからひっくり返し、もう片面を1分焼きます。

⑦ 残りも同じように焼いていきます。あつあつのフライパンは、ぬれぶきんの上にのせて冷ましてから使います。

⑧ 皿に盛り、③をかけて、お好みでバター（分量外）をのせてどうぞ。

ティラミス

ふつうは、具の入っていないティラミス。
このレシピは、ともだちが、
フィレンツェで、地元のおかあさんから教えてもらった
フルーツ入りティラミスがヒントです。
オレンジなど水分の多いフルーツではむずかしいので、
バナナとドライプルーンを使っています。
ちなみに今回は約 18cm 角、
高さ 4 ～ 5cm の四角い容器で作りました。

レモンをまぶしてから少し干したりんごもいいですね！

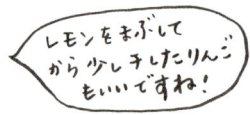

材料　1200ccの容器1コ分

マスカルポーネチーズ	250g
卵黄	2コ分
グラニュー糖	大さじ2と1/2～3
生クリーム	100cc
卵白	1コ分
バナナ	1本
ドライプルーン	5粒
フィンガービスケット	16～20本（一般的なビスケットで代用可）
エスプレッソ（または濃いめのコーヒー）	200cc
ブランデー	大さじ1
ココアパウダー	適量

つくり方

① バナナは縦半分に切り、7mmにスライス。
ドライプルーンは粗く刻みます。

② ボウルにマスカルポーネチーズを入れ、ホイッパーでなめらかにします。グラニュー糖の半量、卵黄、生クリームを加え、少しもったりする程度に泡立てます。

③ 別のボウルで卵白を泡立て、残りのグラニュー糖を2回に分けて加え、角が立つ程度のメレンゲにします。

④ ①を②に加えて混ぜ、③を2回に分けて加えて、さっくり混ぜておきます。

⑤ 冷めたエスプレッソにブランデーを加えておきます。

つづきます

⑥ フィンガービスケットを⑤に10秒くらいずつ浸して、
容器の底に敷き詰めます
（一般的なビスケットを使うときは、
容器の底が隠れるくらいの量で調整してください）。
その上に、④の半量をのせ、
平らにならし、同じようにしてもう一度ビスケット、
④の残りをのせて、表面を平らにならします。

⑦ ラップをして3〜6時間、冷蔵庫で冷やします。

⑧ 茶こしで表面にココアパウダーをふって、できあがりです。

食材別さくいん

お肉

魚介類

野菜・きのこ

食材別さくいん

ご飯・パン・麺・もち

卵・チーズ・牛乳

果物

その他

※塩は海水を釜だきした
「あら塩」をつかっています。

LIFE 副菜　おかず、おかわり！

2013年2月20日　第一刷発行

著　　者　飯島奈美（7days kitchen）

編　　集　武井義明（ほぼ日刊イトイ新聞）
甲野千奈（ほぼ日刊イトイ新聞）
ゆーないと（ほぼ日刊イトイ新聞）

デザイン　山口靖雄（ほぼ日刊イトイ新聞）
写真・イラスト　飯島奈美（7days kitchen）
料理助手　板井うみ（7days kitchen）

発行者　糸井重里

発行所　株式会社東京糸井重里事務所
東京都港区北青山3-5-6
http://www.1101.com/

印刷・製本　株式会社　光邦

Printed in Japan
ISBN-978-4-86501-037-4 C0077

万一、乱丁落丁のある場合は、お取り替えいたしますので、
小社宛　store@1101.com　までご連絡ください。

この本に関するご意見ご感想は
postman@1101.com　までご連絡ください。